Abhandlungen

des

kriminalistischen Seminars

an der Universität Berlin.

Herausgegeben

von

Dr. Franz v. Liszt,

ord. Professor der Rechte zu Berlin.

Neue Folge. Erster Band. 5. Heft.

Sally Jaffa: Der Begriff des Zuhälters im Reichsstrafgesetzbuch.

Berlin 1902.

J. Guttentag, Verlagsbuchhandlung,

G. m. b. H.

Der Begriff des Zuhälters

im

Reichsstrafgesetzbuch.

Von

Dr. Sally Jaffa,
Kammergerichtsreferendar.

Berlin 1902.
J. Guttentag, Verlagsbuchhandlung,
G. m. b. H.

Inhalt.

A. Entstehungsgeschichte des § 181a St.G.B.'s.

Der § 181a St.G.B.'s, der Zuhälterparagraph, ist durch das Reichsgesetz vom 25. Juni 1900 geschaffen worden. Bis dahin fand sich in unserem Strafgesetzbuche eine Bestimmung, die sich speziell gegen Zuhälter richtete, nicht. In zwei Entscheidungen („Rechtsprechung des deutschen Reichsgerichts in Strafsachen, herausgegeben von den Mitgliedern der Reichsanwaltschaft" (R.) Bd. 6 S. 629 u. Bd. 7 S. 575)[1]) hat das Reichsgericht, bevor das St.G.B. den Zuhälterparagraphen enthielt, die Frage behandelt, inwiefern ein Zuhälter wegen seiner Zuhälterthätigkeit zu bestrafen sei. In Frage kam in beiden Fällen § 180 St.G.B.'s. Nach diesem war derjenige zu bestrafen, der gewohnheitsmäßig oder aus Eigennutz durch seine Vermittelung oder durch Gewährung oder Verschaffung von Gelegenheit der Unzucht Vorschub leistete. Das Reichsgericht hat nun angenommen, daß eine Person der Unzucht durch Gewährung oder Verschaffung von Gelegenheit selbst dann Vorschub leiste, wenn sie nur eine Dirne begleite, die ihrem Erwerbe nachgehe und sie auf herannahende Schutzleute aufmerksam mache.[2]) Infolge dieser weiten, allzuweiten[3]) Auslegung des § 180 St.G.B.'s ist eine größere Zahl von Zuhältern aus diesem bestraft worden. Immerhin aber war es nur ein Bruchteil der Zuhälter, auf die der Paragraph Anwendung finden konnte.

---

[1]) Erstere Entscheidung findet sich auch in „Entscheidungen des Reichsgerichts in Strafsachen" (E.) Bd. 11, S. 149.

[2]) R. Bd. 6, S. 629 f.

[3]) Ebenso Herr, „Der Begriff des Zuhälters" in „Zeitschrift für die gesamte Strafrechtswissenschaft" (Z.) Bd. 21 S. 809.

Das, was den Zuhälter im wesentlichen zu einem solchen macht, ist ja weniger die Beförderung der Unzucht, als die Ausbeutung der Dirne. Und diese war, wenn sie nicht zufällig zugleich den Thatbestand eines an sich nicht in Frage kommenden Paragraphen des Strafgesetzbuchs erfüllte, nicht strafbar.

Den unmittelbaren Anlaß dazu, eine spezielle Strafbestimmung gegen Zuhälter in unser Strafgesetzbuch einzufügen, gab ein Prozeß gegen das Ehepaar Heinze wegen Kuppelei, der in Berlin im Jahre 1891 verhandelt wurde.

Am 29. Februar[1]) 1892 wurde dem Reichstage ein „Entwurf eines Gesetzes über Abänderung von Bestimmungen des Strafgesetzbuchs, des Gerichtsverfassungsgesetzes und des Gesetzes vom 5. April 1888, betreffend die unter Ausschluß der Öffentlichkeit stattfindenden Gerichtsverhandlungen", vorgelegt.[2]) In diesem Entwurfe fand sich u. a. folgender neuer § 181a St.G.B. s:

„Eine männliche Person, welche, ohne im gegebenen Falle einen gesetzlichen Anspruch auf Alimentation zu haben, von einer Weibsperson, die gewerbsmäßig Unzucht treibt, ganz oder teilweise den Lebensunterhalt bezieht, oder welche einer solchen Weibsperson gewohnheitsmäßig oder aus Eigennutz in bezug auf die Ausübung des unzüchtigen Gewerbes Schutz gewährt oder sonst förderlich ist, wird wegen Zuhälterei mit Gefängnis nicht unter einem Monat bestraft. Die Bestimmung des § 180 Abs. 2 findet auch hier Anwendung.

Ist der Zuhälter der Ehemann der Weibsperson, oder hat der Zuhälter die Weibsperson unter Anwendung von Gewalt oder Drohungen zur Ausübung des unzüchtigen Gewerbes angehalten, so tritt Gefängnisstrafe nicht unter einem Jahre ein.

Neben der Gefängnisstrafe kann auf Verlust der bürgerlichen Ehrenrechte, auf Zulässigkeit von Polizeiaufsicht, sowie

---

[1]) Nicht am 22. Februar 1892, wie Müller, „Die lex Heinze" 1900, S. 7 schreibt.

[2]) Vgl. Verhandlungen des Reichstages 1890/92, Bd. VI No. 713.

auf Überweisung an die Landespolizeibehörde mit den im § 362 Abs. 2 und 3 vorhergesehenen Folgen erkannt werden."

Die Begründung des Entwurfs geht davon aus, es müsse dem „Unwesen der sogenannten „Zuhälter", dessen Umfang und Gemeingefährlichkeit" im Prozesse gegen die Eheleute Heinze besonders auffällig hervorgetreten sei, zu Leibe gegangen werden und hofft, das Gesetz werde ein „wirksames Einschreiten . . . gegen Zuhälter . . . ermöglichen".[1])

Der Gesetzentwurf wurde in zwei Sitzungen des Reichstages, am 3. und 15. Dezember 1892, diskutiert und es wurde nach eingehendem Für und Wider die Verweisung an eine Kommission von 21 Mitgliedern beschlossen.[2]) Gegen den Zuhälterparagraphen schlechtweg war nur die Richter'sche Freisinnige Partei gewesen, die ihn deswegen verwerfen zu müssen glaubte, weil die Rechtsprechung des Reichsgerichts ja den Zuhälter als Kuppler bestrafe.[3])

In der Kommission waren es vor allem zwei Bedenken gegen die Fassung, die § 181a in der Regierungsvorlage hatte, welche zu einer Änderung des Paragraphen führten. Einmal wurde es als bedenklich hingestellt, daß diejenigen von der Bestrafung wegen Zuhälterei frei sein sollten, welche ein Recht auf Alimentation von seiten der Dirne hätten und ferner wandte man gegen die Bezeichnung des Delikts als „Zuhälterei" ein, daß ein Ehemann, der seine Ehefrau verkuppele, doch unmöglich Zuhälter derselben genannt werden könne.[4]) So wurde denn dem § 181a in der Kommission folgende Fassung gegeben:

„Eine männliche Person, welche von einer Weibsperson, die gewerbsmäßig Unzucht treibt, unter Ausbeutung ihres unsittlichen Erwerbes ganz oder teilweise den Lebensunterhalt bezieht, oder welche einer solchen Weibsperson gewohn-

---

[1]) Verhandlungen des Reichstages 1890/92, Anl. VI. Bd., S. 3883.

[2]) Sten. Ber. üb. d. Verhdlg. d. Reichstages 1892/93, Bd. I, S. 381.

[3]) Sten. Ber. üb. d. Verhdlg. d. Reichstages 1892/93, Bd. I, S. 355.

[4]) Sammlungen sämtl. Drucksachen d. Reichst. 1893/95, Bd. III, S. 1ff. cfr. auch Müller a. a. O. S. 37.

heitsmäßig oder aus Eigennutz in bezug auf die Ausübung des unzüchtigen Gewerbes Schutz gewährt oder sonst förderlich ist, wird mit Gefängnis nicht unter einem Monat bestraft.

Ist der Thäter der Ehemann der Weibsperson, oder hat der Thäter die Weibsperson unter Anwendung von Gewalt oder Drohungen zur Ausübung des unzüchtigen Gewerbes angehalten, so tritt Gefängnisstrafe nicht unter einem Jahre ein.

Neben der Gefängnisstrafe kann auf Verlust der bürgerlichen Ehrenrechte, auf Zulässigkeit von Polizeiaufsicht, sowie auf Überweisung an die Landespolizeibehörde mit den im § 362 Abs. 3 vorhergesehenen Folgen erkannt werden."

Zu einer zweiten Lesung im Plenum des Reichstages kam aber der Gesetzentwurf nicht. Die am 6. Mai 1893 erfolgte Auflösung des Reichstages schnitt die Möglichkeit einer solchen ab.

Der § 181a, wie wir ihn in der Kommissionsfassung sahen, fand sich aber wieder in einem im Jahre 1897 von seiten des Prinzen v. Arenberg und Genossen eingebrachten Gesetzentwurfe.[1]) Derselbe wurde einer Kommission von 14 Mitgliedern überwiesen.[2]) Sie veränderten den § 181a so, daß er lautete:

„Eine männliche Person, welche von einer Frauensperson, die gewerbsmäßig Unzucht treibt, unter Ausbeutung ihres unsittlichen Erwerbes ganz oder teilweise den Lebensunterhalt bezieht, oder welche einer solchen Frauensperson gewohnheitsmäßig oder aus Eigennutz in bezug auf die Ausübung des unzüchtigen Gewerbes Schutz gewährt oder sonst förderlich ist (Zuhälter), wird mit Gefängnis nicht unter einem Monat bestraft. Die Bestimmung des § 180 Abs. 2 findet auch hier Anwendung. Ist der Zuhälter der Ehemann der Frauensperson, oder hat der Zuhälter die Frauensperson unter Anwendung von Gewalt oder Drohungen zur Ausübung des unzüchtigen Gewerbes angehalten, so tritt Gefängnisstrafe nicht unter einem Jahre ein.

Neben der Gefängnisstrafe kann auf Verlust der bürger-

---

[1]) Sten. Ber. üb. d. Verhdlg. d. Reichst. 1895/97, Anl. Bd. V, No. 618.

[2]) Sten. Ber. üb. d. Verhdlg. d. Reichst. 1897/98, Anl. Bd. III, S. 1752ff.

lichen Ehrenrechte, auf Zulässigkeit von Polizeiaufsicht, sowie auf Überweisung an die Landespolizeibehörde mit den im § 362 Abs. 4 vorgesehenen Folgen erkannt werden."

Die Legislaturperiode schloß am 6. Mai 1898, ohne daß der Gesetzentwurf verabschiedet gewesen wäre.

In der Fassung, in der § 181a aus der letzten Kommissionsberatung hervorgegangen war, findet er sich in zwei Gesetzesvorlagen: einem Antrag von Prinz v. Arenberg und Genossen vom 7. Mai 1898[1]) und einer Vorlage der Regierung vom 3. Februar 1899.[2])

Aus der Kommission, der die beiden Gesetzesvorschläge überwiesen wurden, ging § 181a mit Ausnahme der redaktionellen unwichtigen Änderung eines Wortes ungeändert hervor. Im Plenum des Reichstages kam dieser Gesetzentwurf nicht zur Verabschiedung. Nach beispiellos heftigen parlamentarischen Kämpfen wurde statt seiner der Antrag Hompesch und Genossen eingereicht. Dieser erhielt die Zustimmung des Reichstages. In der vom Bundesrate acceptierten, am 25. Juni 1900 publicierten Fassung des Antrages Hompesch lautet § 181a:

„Eine männliche Person, welche von einer Frauensperson, die gewerbsmäßig Unzucht treibt, unter Ausbeutung ihres unsittlichen Erwerbes ganz oder teilweise den Lebensunterhalt bezieht, oder welche einer solchen Frauensperson gewohnheitsmäßig oder aus Eigennutz in bezug auf die Ausübung des unzüchtigen Gewerbes Schutz gewährt oder sonst förderlich ist (Zuhälter), wird mit Gefängnis nicht unter einem Monat bestraft.

Ist der Zuhälter der Ehemann der Frauensperson, oder hat der Zuhälter die Frauensperson unter Anwendung von Gewalt oder Drohung zur Ausübung des unzüchtigen Gewerbes angehalten, so tritt Gefängnisstrafe nicht unter einem Jahre ein.

Neben der Gefängnisstrafe kann auf Verlust der bürger-

---

[1]) Sten. Ber. üb. d. Verhdlg. d. Reichst. 1898/1900, Anl. I, No. 81.

[2]) Sten. Ber. üb. d. Verhdlg. d. Reichst. 1898/1900, Anl. II, No. 112.

lichen Ehrenrechte, auf Zulässigkeit von Polizeiaufsicht, sowie auf Überweisung an die Landespolizeibehörde mit den im § 362 Abs. 3 und 4 vorgesehenen Folgen erkannt werden."

In dieser Fassung findet sich heute der Zuhälterparagraph in unserem Strafgesetzbuch.

B. Der Begriff des Zuhälters im § 181a St.G.B.'s.

I. Die Definition des § 181a im allgemeinen.

Es ist die Frage aufgeworfen worden, ob § 181a St.G.B.'s eine Definition des Begriffes „Zuhälter" enthalte. Man hat diese Frage verneinen wollen, hat behauptet, die Worte bis zu dem eingeklammerten Worte „Zuhälter" im § 181a St.G.B.'s seien keine solche; es enthalte vielmehr, wie wir es vielfach im B.G.B. finden, die Klammer den in Frage kommenden Begriff; dieser sei durch die Worte vor der Klammer nicht definiert, sondern mit größerer oder geringerer Genauigkeit umschrieben. Erst das vor und das in der Klammer Stehende zusammengenommen ergebe den vom Gesetze gewollten Begriff. So ist wohl auch die Widerlegung des gegen die Schaffung des Zuhälterparagraphen gemachten Einwands, daß nach der in § 181a St.G.B.'s gegebenen Definition für Zuhälter auch Personen, die es zweifellos nicht seien, unter den Paragraphen fallen könnten, durch den Hinweis darauf aufzufassen, daß ein solches Mißverstehen des Gesetzes deswegen ausgeschlossen erscheine, weil sich in Klammern das Wort „Zuhälter" befinde.[1])

Vieles aber spricht gegen diese Ansicht, spricht vielmehr dafür, daß § 181a eine Definition des Zuhälterbegriffes enthält.

Denken wir an die Entstehungsgeschichte unseres Paragraphen. Wie wir vorher sahen, enthält die Regierungsvorlage

[1]) Herr, „Der Begriff des Zuhälters" in Z. Bd. 21, S. 827.

von 1892 das Wort „Zuhälter" im Abs. 1 des § 181a nicht. Der Paragraph erklärte vielmehr, eine Person, die einen bestimmten Thatbestand erfüllte, sei wegen „Zuhälterei" zu bestrafen. Wie wir nun beispielsweise aus § 242 St.G.B.'s folgern: Dieb ist, wer einen Diebstahl begeht, d. h. wer eine fremde, bewegliche Sache einem anderen in der Absicht wegnimmt, dieselbe sich rechtswidrig zuzueignen, — so wird man aus dem § 181a der Regierungsvorlage folgern: Zuhälter ist, wer das Delikt der Zuhälterei begeht, d. h. die männliche Person, welche, ohne im gegebenen Falle einen gesetzlichen Anspruch auf Alimentation zu haben, von einer Weibsperson, die gewerbsmäßig Unzucht treibt, ganz oder teilweise den Lebensunterhalt bezieht, oder welche einer solchen Weibsperson gewohnheitsmäßig oder aus Eigennutz in bezug auf die Ausübung des unzüchtigen Gewerbes Schutz gewährt oder sonst förderlich ist.

Die Fassung des Paragraphen hat sich, wie wir oben sahen, geändert. In der Kommissionsfassung fehlt in ihm das Wort „Zuhälterei" und die Kommission im Jahre 1897 fügte das Wort „Zuhälter" in Klammer ein. Diese veränderte Fassung scheint uns aber für die Entscheidung unserer Frage belanglos zu sein, zumal sie aus Gründen gewählt ist, die mit ihr nichts zu thun haben. Es erhellt unseres Erachtens aus der ersten Fassung des Paragraphen, die im wesentlichen die gleiche blieb, und im großen und ganzen nur redaktionelle Änderungen erfuhr, daß beabsichtigt war, im und durch den Paragraphen eine Definition des Begriffes „Zuhälter" zu geben.

Daß § 181a St.G.B.'s den Zuhälterbegriff definiert, das scheint sich auch aus folgender Erwägung zu ergeben. Während es im ersten Absatze des Zuhälterparagraphen heißt: „eine männliche Person etc. . . . (Zuhälter)", sagt Abs. 2 des Paragraphen schlechtweg: „Ist der Zuhälter der Ehemann der Frauensperson . . ." Durch diese Fassung deutet unseres Erachtens das Gesetz an, daß es im ersten Absatze des Paragraphen den Begriff des Zuhälters definiere und nun im zweiten Absatz, nachdem der Begriff klargestellt ist, mit ihm operiere.

Auch in den Reichstagsverhandlungen hat man stets von der Definition, die § 181a von dem „Zuhälter“ gebe, gesprochen.[1]) Nie ist dem widersprochen worden, daß der Paragraph eine Definition des neu durch ihn eingeführten Begriffes enthält.

Unsere Ansicht hat auch das Reichsgericht bereits vertreten. Wenn das Wort „Zuhälter“ im § 181a St.G.B.'s nicht als eine Seite einer identischen Gleichung betrachtet wird, auf deren anderer Seite die Worte bis zur Klammer stehen, wenn es nicht als das x angesehen wird, dessen Wert durch die Worte bis „Zuhälter“ bestimmt werden soll, so könnte man nur meinen, es gehöre mit zur thatbestandlichen Norm des Paragraphen. Demgegenüber führt das Reichsgericht (E.-Bd. 34 S. 74) aus: „Das Wort Zuhälter ist nicht in die thatbestandliche Norm des Abs. 1 eingeschaltet, sondern derselben nachgefügt; hierdurch und durch die Einklammerung ist zum Ausdrucke gebracht, daß dasselbe nicht die Bedeutung eines zum Thatbestande gehörigen Merkmales hat.“

Diese unsere Ansicht hat unmittelbare praktische Konsequenzen. Nach derselben muß die Frage, ob bei einer Verurteilung aus § 181a auch außer dem Vorhandensein der vor dem Worte „Zuhälter“ stehenden Begriffsmerkmale thatsächlich festgestellt werden muß, ob der Angeklagte ein Zuhälter ist, verneint werden. So hat auch das Reichsgericht in der erwähnten Entscheidung erkannt.

Zu welchen ganz unhaltbaren Konsequenzen die entgegengesetzte Ansicht kommt, zeigt am besten ein Vertreter derselben, Schlecht.[2]) Nach seiner Meinung gibt § 181a keine Definition des Zuhälterbegriffs; das Wort „Zuhälter“ gehöre überhaupt nur zu „oder sonst förderlich ist“ und wolle darauf „hinweisen, daß bei dem Förderlichsein der Beigeschmack des ‚Zuhälters‘ nicht fehlen“ dürfe.

Hieraus müßte man doch nun folgern, daß nach Schlechts Meinung jedermann bekannt ist, was denn ein „Zuhälter“ ist,

---

[1]) Vgl. z. B. Verhdlg. d. Reichst. 1892/93, Bd. I, S. 145 (Bebel); Müller a. a. O. S. 30.

[2]) Schlecht, „Lex Heinze“ in „Gerichtssaal“ Bd. 60, Heft 1, S. 9.

denn nur so könnte seine obenerwähnte Ansicht sich halten lassen. Aber weit gefehlt. „Obwohl nun hier (in der Praxis) im allgemeinen klar ist, was unter ‚Zuhälter‘ zu verstehen sei, so ist doch eine theoretische, unanfechtbare Umschreibung des Begriffes nicht leicht möglich, da die Erscheinungsform, in der das Zuhältertum zu Tage tritt, eine so unendlich mannigfaltige ist.“ Und fragen wir nun, wie nach Schlechts Meinung der Richter entscheiden soll, wer ein Zuhälter im Sinne des Gesetzes ist, so hören wir folgende Antwort: Eine Anfrage bei der Polizeibehörde wird den Richter in den meisten Fällen (sic!) eine Grundlage für seine Entscheidung bieten können, obwohl nicht übersehen werden darf, daß der Richter zu entscheiden hat, ob die Voraussetzungen, die vom Gesetze gefordert werden, auch thatsächlich im gegebenen Falle vorhanden sind.“ Wenn nun aber die Polizeiverwaltungen, was doch durchaus möglich erscheint, in ihren Ansichten, wer unter die Zuhälter zu rechnen sei, differieren? Schlecht sagt ganz zutreffend, in den meisten Fällen würden die Polizeiverwaltungen die gewünschte Auskunft wohl geben können. Zu den Fällen, in denen sie dazu außer stande sind, würden wohl die schwierigeren gehören. Woher der Richter in diesen sich seine Wissenschaft holen soll, darüber spricht Schlecht nichts weiter. Bei Erwähnung des Abs. 2 des § 181a[1]) scheint Schlecht einen Augenblick auch die Ahnung von der Unhaltbarkeit seiner Ansicht zu kommen. Er meint, es sei anzunehmen, „der Gesetzgeber habe das Wort ‚Zuhälter‘ im Abs. 2 nur gewählt, um eine Wiederholung der ganzen Thatbestandsmerkmale des Abs. 1 zu vermeiden“. Daraus müßte er, wäre er konsequent, folgern, daß „Zuhälter“ gleich den in § 181a Abs. 1 gegebenen Thatbestandsmerkmalen ist. Diese Folgerung zieht er jedoch nicht[2]).

§ 181a St.G.B.'s gibt also eine Definition des Zuhälterbegriffs. Diese lautet: Zuhälter ist:

---

[1]) a. a. O. S. 15, Anm. 2.

[2]) Zu demselben Ergebnis wie wir kommt u. a. Herr a. a. O. S. 827. Heilborn in „Goltdammers Archiv“ Bd. 47, S. 279.

„eine männliche Person, welche von einer Frauensperson, die gewerbsmäßig Unzucht treibt, unter Ausbeutung ihres unsittlichen Erwerbes ganz oder teilweise den Lebensunterhalt bezieht"

und Zuhälter ist ferner

„eine männliche Person . . ., welche einer solchen Frauensperson (gewerbsmäßig Prostituierten) gewohnheitsmäßig oder aus Eigennutz in bezug auf die Ausübung des unzüchtigen Gewerbes Schutz gewährt oder sonst förderlich ist."[1])

Somit kann Zuhälter im Sinne des Strafgesetzbuches nur eine **männliche Person** sein. In diesem Zusammenhange erklärt v. Liszt[2]), die Grundsätze der mittelbaren Thäterschaft fänden auch hier Anwendung. Dieser Satz ist nicht ganz klar. Soll er besagen — und das erscheint nach seinem Wortlaute als das Naheliegendste —, daß bei dem Delikt des § 181a St.G.B.'s mittelbarer Thäter auch eine Frau sein kann, so erscheint uns dieses unrichtig. Nehmen wir etwa den Fall, daß jemand nur genötigt[3]) im Sinne des § 52 St.G.B.'s eine gewerbsmäßig Prostituierte ausbeutete, daß der Nötigende eine Frau sei, so kann diese, wenn auch sonst alle Erfordernisse des § 181a St.G.B.'s vorliegen, nicht unter ihn fallen. Denn, wie v. Liszt selbst sagt[3]) ist der Nötigende ja der Thäter; er begeht also das Delikt; derjenige aber, der das Delikt des § 181a begeht, darf keine Frau, muß vielmehr eine „männliche Person" sein.

Das Gesetz verlangt ferner in dem Thatbestande des Zuhälterparagraphen „eine Frauensperson, die **gewerbsmässig Unzucht** treibt".

Den Begriff der gewerbsmäßigen Unzucht finden wir auch im § 361 Z. 6 St.G.B.'s. Zu dem gewerbsmäßigen Betriebe der Unzucht gehört unseres Erachtens zweierlei:

1. Die Frauensperson muß den Betrieb der Unzucht als eine Einnahmequelle benutzen und benutzen wollen.

---

[1]) Ebenso v. Liszt, „Lehrbuch des Strafrechts", 1900. S. 364f.

[2]) „Lehrbuch" S. 364.

[3]) v. Liszt, „Lehrbuch" S. 201.

2. Sie muß die Absicht haben, aus ihm „fortgesetzt, wenn auch nur bei günstiger Gelegenheit“[1]) Einnahmen zu ziehen. In der Gewerbsmäßigkeit liegt die Gewohnheitsmäßigkeit enthalten.[2])

Danach ist auch die Frage zu entscheiden, ob ein Mädchen, das aus einem festen Verhältnisse Einnahmen bezieht, eine gewerbsmäßige Prostituierte im Sinne des Gesetzes ist.

Das erste von uns aufgestellte Begriffserfordernis ist gegeben; das zweite liegt aber nicht in jedem solchen Falle vor. Nur wenn das Mädchen die feste Absicht hat, nach diesem Verhältnis ein neues zu beginnen und aus demselben Einnahmen zu ziehen und nach jenem wieder ein neues, nur dann ist Gewerbsmäßigkeit ihres Thuns gegeben. Ebenso hat das Reichsgericht entschieden[3]):

„Es liegt demnach keine gewerbsmäßige Unzucht im Sinne des Gesetzes vor, wenn eine Frauensperson sich nur einem bestimmten einzelnen Manne gegen Entgelt preisgiebt und hierbei nicht die Absicht hat, sich in Zukunft einem individuell nicht bestimmten Kreise von Personen gegen Entgelt preiszugeben.“ Diese Absicht wird vor allem etwa daraus zu entnehmen sein, daß das Mädchen schon vordem in ununterbrochener Reihe oder mit geringen Unterbrechungen Verhältnisse, aus denen es Einnahmen zog, gehabt hat. Ist das zur Beurteilung stehende das erste Verhältnis der Frauensperson, so wird der Richter nach dem ganzen Verhalten derselben zu entscheiden haben, ob es mit einer gewerbsmäßigen Prostituierten zu thun hat oder nicht. Wenn also v. Liszt sagt[4]): „Das Mädchen, das aus ‚fest*en* Verhältniss*en*‘ einen größeren oder kleineren Teil ihrer Einnahmen bezieht, treibt nicht gewerbsmäßige Unzucht im Sinne des Gesetzes“, so stimmt dieses nicht vollständig mit unserer Ansicht überein. Eher werden

---

1) Olshausen, „Kommentar zum Strafgesetzbuch“, 1901. § 260, No. 2.
2) v. Liszt, „Lehrbuch“ S. 221.
3) „Goltdammers Archiv“ Bd. 47, S. 441.
4) „Lehrbuch“ S. 364.

wir umgekehrt sagen können, wenn sie aus fest*en* Verhältniss*en* Einnahmen bezieht; wird sie stets im Sinne des St.G.B.'s gewerbsmäßig Unzucht treiben.[1])

II. Die Ausbeutung des unsittlichen Erwerbes.

1. Ausbeutung des unsittlichen Erwerbes gleich Ausbeutung des Umstandes, daß die Dirne einen unsittlichen Erwerb hat.

Wir sahen vorher, daß Zuhälter die männliche Person ist, die von einer gewerbsmäßig Prostituierten unter Ausbeutung ihres unsittlichen Erwerbes ganz oder teilweise den Lebensunterhalt bezieht.

Die Worte „unter Ausbeutung ihres unsittlichen Erwerbes" sind ein gänzlich verunglückter Ausdruck für das, was mit ihnen gesagt werden soll und kann.[2]) Ich kann wohl eine Person, eine Sache, etwa ein Bergwerk, ausbeuten, kann auch bestimmte Eigenschaften einer Person oder Sache zum Gegenstande der Ausbeutung machen, wie den Leichtsinn, die Unerfahrenheit, ich kann aber nicht den Erwerb eines anderen ausbeuten. Zu anderer Ansicht käme man, wenn man die Worte „ausbeuten" und „benutzen" für identisch hielte. Wir werden später sehen, daß sie das nicht sind.

Unseres Erachtens kann mit „Ausbeutung ihres unsittlichen Erwerbes" nur gemeint sein: der Umstand, daß die Dirne einen unsittlichen Erwerb hat, soll ausgebeutet werden; das Gesetz hat nur — vielleicht nichts seltenes bei unseren Gesetzen — ein nicht gerade gutes und verständliches Deutsch gegeben.

Eine Reihe von Schriftstellern scheint dieser, unseres Er-

---

[1]) Unsere Ansicht scheint Schlecht zu teilen, der sich allerdings mit pythischer Mystik ausdrückt. Er sagt (a. a. O. S. 10): „Die Bemerkung Liszts, daß Mädchen, welche aus festen Verhältnissen einen größeren oder kleineren Teil ihrer Einnahmen beziehen, nicht gewerbsmäßig Unzucht treiben, kann in dieser Allgemeinheit nicht gebilligt werden." Inwiefern v. Liszts Ansicht zutreffend ist, sagt Schlecht nicht.

[2]) v. Liszt, „Lehrbuch" S. 364.

achtens einfachsten und nächstliegenden Auslegung des Gesetzes nicht zustimmen zu wollen. So führt Frank[1]) aus: „Der Thäter muß sich die Bezüge . . . unter Benutzung der Gewalt, die er über das Frauenzimmer ausübt, gewähren lassen." Ungefähr dasselbe drückt Herr[2]) in den Worten aus: „Es sind hier nicht spezielle Eigenschaften, die benutzt werden müssen, damit die Ausbeutung vorliegt. Es ist nur erfordert, dass der Thäter unter Benutzung des Abhängigkeitsverhältnisses aus dem unsittlichen Erwerb der Dirne den Lebensunterhalt bezieht." Und endlich finden wir bei v. Liszt[3]): „Wir müssen . . . auch beim Zuhälter nach dem Grunde der Übermacht fragen, die es ihm möglich macht, sein Opfer auszubeuten. Die Möglichkeit liegt in der Abhängigkeit der Lohndirne von dem Zuhälter, die wieder durch ihre soziale Lage bedingt ist . . . Diese Abhängigkeit benutzt der Zuhälter, um sie zu ihrem unsittlichen Erwerbe anzuhalten und sie zu zwingen, ihm den Verdienst aus dem Gewerbe ganz oder teilweise auszuliefern" und in seinem Lehrbuche sagt[4]) v. Liszt: „es wird nicht der Erwerb ausgebeutet, sondern das Abhängigkeitsverhältnis."

Wenn diese Schriftsteller nichts weiter wollten, als die Gründe erklären, die dem Entstehen des Zuhältertums günstig waren und sind, so wäre gegen ihre Ausführungen nichts einzuwenden.[5]) Ihre Ansicht erscheint uns aber angreifbar, da sie in das Gesetz einen Begriff hineininterpretieren wollen, der sich in ihm nicht findet, nämlich den des Abhängigkeitsverhältnisses. v. Liszt gibt selbst zu, daß der Wortlaut des Gesetzes seiner Ansicht nicht entspricht.[6]) Wenn das nun der Fall ist, wenn es ferner, wie wir sehen werden, einen guten

---

[1]) Frank, „Das Strafgesetzbuch für das Deutsche Reich", 2. Aufl. § 181a II, 1.

[2]) a. a. O. S. 823.

[3]) „Das gewerbsmäßige Verbrechertum" in Z. Bd. 21, S. 132.

[4]) S. 364.

[5]) Über die Gründe des Verhältnisses zwischen Zuhälter und Dirne vergl. Ω Σ, „Die Verbrecherwelt von Berlin" in Z. Bd. 6, S. 263f.; Verwaltungsbericht des Berliner Polizeipräsidiums 1881—1890, S. 353f.

[6]) „Lehrbuch" S. 364.

Sinn gibt, anzunehmen, der Gesetzgeber, jener mystische deus ex machina, habe Ausbeutung des Umstandes, daß die Dirne Dirne ist, zur Erfüllung des Thatbestandes des Paragraphen gefordert, so ist nicht einzusehen, weswegen wir der gegnerischen Ansicht folgen sollten und den Begriff des Abhängigkeitsverhältnisses in den § 181a hineininterpretieren.

Wollte man der Meinung der Gegner folgen, so wäre ein Abhängigkeitsverhältnis der Dirne vom Angeklagten erst zu erweisen, bevor derselbe als Zuhälter bestraft werden kann. In einer, sicherlich nicht geringen, Anzahl von Fällen wird aber dieser Beweis nicht gerade leicht zu führen sein. Unseres Erachtens ist nur festzustellen, daß der Thäter den Umstand, daß die Ausgebeutete Dirne ist, zur Ausbeutung benutzt hat. Inwiefern er diesen Umstand hat benutzen können, kommt nicht in Betracht.

Die Rechtsprechung hat sich über diese Frage bisher ausdrücklich nicht ausgesprochen. Indessen in keinem der bisher bezüglich des § 181a St.G.B.'s ergangenen Urteile ist das Reichsgericht auf das Feststellen des Vorhandenseins oder Nichtvorhandenseins eines Abhängigkeitsverhältnisses eingegangen.

2a. Erlangung übermäßiger Vorteile.

Dem Worte „Ausbeutung" steht als Oberbegriff „Benutzung" gegenüber. „Ausbeutung" ist nicht gleich „Benutzung"[1]), sondern es fällt als der engere Begriff unter den weitergehenden der Benutzung; es ist eine Art von Benutzung. In „Ausbeutung" liegt bereits ein Urteil über die Wirkung der Benutzung auf den Benutzten enthalten; in dem Worte ist bereits der Sinn eingeschlossen, daß der Benutzte geschädigt ist. Wenn der Zuhälterparagraph von der Ausbeutung des Umstandes, daß ein Mädchen Dirne ist, spricht, so sagt er unseres Erachtens damit zugleich, daß die durch Benutzung dieser Eigenschaften erlangten Vorteile übermäßige sind; er spricht vom

---

[1]) v. Liszt, „Lehrbuch" S. 466.

Standpunkte des Rechts ein Urteil über diese Vorteile: „Mit jenem Worte“ (Ausbeutung) sagt demnach unseres Erachtens mit Recht Olshausen[1]) „wird die Ausnutzung des Schuldners (er spricht vom Wucherparagraphen) zur Erlangung übermäßigen Gewinnes ausgedrückt“. Auch v. Liszt sieht[2]) in dem Begriffe der „Ausbeutung“ das „Mißverhältnis zwischen Leistung und Gegenleistung“ ausgedrückt, und spricht von einer Schädigung des Ausgebeuteten. In diesem Sinne hat auch das Reichsgericht widerholt den Begriff der Ausbeutung aufgefaßt. So führt es aus[3]): „Mit diesem ... Worte drückt das Strafgesetzbuch die ... Ausnützung ... zur Erlangung übermäßigen Gewinns ... aus ... In der Natur der Sache liegt es, daß der Zwang der gegebenen Verhältnisse, unter dem der Bedrängte leidet, ihn zur Bewilligung außergewöhnlichen Gewinns ... bestimmt.“ Ebenso will das Reichsgericht „übermäßigen Gewinn“[4]), „übermäßige Vermögensvorteile“[5]), „ungebührlichen Nutzen“[6]) in dem Begriffe „Ausbeutung“ liegend finden. Das kann eben nur heißen, daß der Ausbeutende einen so großen, über das gewöhnliche Maß hinausgehenden Vorteil erlangt hat, daß der Ausgebeutete geschädigt ist. Wann aber eine Schädigung gegeben ist, sagt der Begriff der „Ausbeutung“, auch der Zuhälterparagraph, nicht ausdrücklich. Das werden wir demgemäß nach allgemeinen Gesichtspunkten zu beurteilen haben. Geschädigt ist der Benutzte, in unserem Falle die Dirne, dann, wenn sie, ohne eine äquivalente Gegenleistung zu erhalten, etwas aus ihrem Vermögen, ihrem Erwerbe hergeben muß. Und zwar werden wir nicht nach dem subjektiven Empfinden der Dirne zu beurteilen haben, ob eine Vermögensbeschädigung bei ihr vorliegt oder nicht, sondern wir werden zu erwägen haben, ob diese objektiv vorhanden ist. Wollten wir anderer Ansicht sein, so läge eine Vermögensbeschädigung im Falle

---

1) a. a. O. § 302a, 11.
2) Z. Bd. 21, S. 131.
3) E. Bd. 3, S. 219.
4) E. Bd. 15, S. 335.
5) E. Bd. 18, S. 419f.
6) R. Bd. 3, S. 569f.

des § 181a St.G.B.'s selten genug vor. Im allgemeinen erscheint der Dirne wohl das, was der Zuhälter ihr gewährt, als genügende Gegenleistung für dasjenige, was dieser von ihr erlangt. Sie gibt ihm gern und freudig[1]) von ihrem Verdienste ab, um jemand zu haben, den sie lieb haben kann, der sich dauernd um sie kümmert.

Unsere Ansicht, daß eine Schädigung der Dirne gegeben ist, wenn sie keine äquivalente Gegenleistung für das von ihr dem Zuhälter Gegebene erhält, teilt auch v. Liszt[2]): „Das Mißverhältnis zwischen Leistung und Gegenleistung bildet das Kennzeichen und die Grenzlinie der Strafbarkeit. Geschädigt ist derjenige, der für seine mehrwertige Leistung eine minderwertige erhält." Heilborn[3]) führt denselben Gedanken in den Worten aus: „Die Ausbeutung besteht in der Gewinnung des Lebensunterhalts auf Kosten der Dirne ohne oder gegen eine unsittliche Gegenleistung: Gewährung von Schutz, Zuführung von Männern[4]). Gegen ihn wendet sich Herr[5]): Es liege durchaus nicht im Begriffe der Ausbeutung, daß der Ausbeutende etwas ohne Gegenleistung oder nur gegen eine unsittliche erhalte. Zur Begründung seiner Ansicht verweise er auf § 302a St.G.B.'s, wo der Ausbeutende doch auch seinerseits etwas gewähre, wo er nämlich das Darlehn hingebe. Nach unserer Ansicht interpretiert Herr die Worte Heilborns zu eng. „Ohne Gegenleistung" dürfte doch fraglos soviel heißen sollen und müssen, wie ohne genügende, ohne äquivalente Gegenleistung. Damit wäre aber wohl der Einwand Herrs gegen die Ansicht Heilborns hinfällig.

Demgemäß kann unseres Erachtens die Bestrafung einer Person wegen Zuhälterei — vorausgesetzt daß im übrigen der Thatbestand des Paragraphen erfüllt ist — nur eintreten, wenn die Person vor der Dirne bereits soviel erhalten hat, daß das

---

1) Vgl. hierzu Ω Σ, a. a. O. S. 262; Herr, a. a. O. S. 824.

2) Z. Bd. 21, S. 131.

3) „Goldtammers Archiv" Bd. 47, S. 280.

4) Ebenso Oppenhoff, „Das Strafgesetzbuch f. d. Deutsche Reich", 1900, § 181a, No. 2.

5) a. a. O. S. 827.

Vermögen derselben geringer geworden ist. Wenn also der Fall so liegt, daß ein Mann einer Dirne eine bestimmte Geldsumme gegeben hat, später seinen Lebensunterhalt von ihr bezieht, so kann er unseres Erachtens erst dann bestraft werden, wenn er mehr erhalten als gegeben hat. Das Reichsgericht teilt unsere Ansicht nicht. „Es kann deshalb nicht aufgestellt werden, daß eine dem Manne gegen die Prostituierte zustehende Geldforderung sowie die Verrechnung des von der Prostituierten zum Unterhalte Gegebenen auf diese Forderung das Merkmal der Ausbeutung grundsätzlich ausschließt. Es ist denkbar, daß der Gläubiger die vermöge dieser Eigenschaft ihm beiwohnende Macht gegenüber der Prostituierten zur Anknüpfung oder Fortsetzung eines dem § 181a entsprechenden Verhältnisses mißbraucht"[1]; führt das Reichsgericht aus. Somit wäre es nach der Ansicht des höchsten Gerichtshofes durchaus möglich, daß jemand als Zuhälter, also wegen Ausbeutung einer Dirne, bestraft würde, trotzdem er deren Vermögen garnicht geschädigt hat. Unseres Erachtens kann in einem solchen Falle in seinem Thun eine Ausbeutung nicht gesehen werden. Erst wenn der betr. seine Macht zur Fortsetzung des Verhältnisses mißbraucht, erst wenn er von der Dirne eine seine Forderung übersteigende Summe erhalten hat, erst dann hat er die Dirne ausgebeutet. Wir sahen vorher, daß in anderen Erkenntnissen des Reichsgerichts die Schädigung des Ausgebeuteten auch als in dem Bergriffe der Ausbeutung liegend angesehen wird. Es liegt unseres Erachtens kein Grund vor, ihn hier anders zu behandeln als in anderen Paragraphen des St.G.B.'s.[2])

Unseres Erachtens kommt man zu unhaltbaren Konsequenzen, wenn man der Ansicht des Reichsgerichts folgt. Wo eine Vermögensbeschädigung der Dirne nicht vorliegt, will das Reichsgericht doch dann eine Bestrafung aus § 181a St.G.B.'s zulassen, wenn nach dem Gesamtcharakter des Verhältnisses der Wille des Thäters auf eine „unsittliche Ausnutzung" der Dirne gerichtet war.[3]) Demgemäß könnte eine Person aus

[1]) E. Bd. 34, S. 77.

[2]) Der Ansicht des Reichsgerichts folgt Oppenhoff a. a. O. § 181a, No. 2.

[3]) E. Bd. 34, S. 77.

§ 181 a St.G.B.'s bestraft werden, die ein Forderungsrecht gegen die Dirne hat, von dieser auf ihre Forderung Zahlungen erhält, deren Absicht aber darauf geht, auch nachdem die Dirne ihre Schuld abgezahlt hat, von ihr Geld zu erlangen, falls diese Absicht erwiesen wird. Wenn aber jemand, dessen Absicht es ist, zu stehlen, und der vorläufig nur Sachen, die sein Eigentum sind, von dem Besitzer zurücknimmt und zurückverlangt, nicht wegen Diebstahls bestraft werden kann, so kann auch die vorbezeichnete Person noch nicht als Zuhälter bestraft werden. Wir würden sonst die Absicht, etwas zu thun, der That gleichsetzen.

2b. Die Absicht, aus dem Umstande, daß eine Dirne in Frage kommt, übermäßige Vorteile zu ziehen.

In dem Begriffe der Ausbeutung liegt jedoch noch ein subjektives Moment. Der Ausbeutende muß den Ausgebeuteten geschädigt haben in der Absicht, gerade durch Ausnutzung der Umstände, die er benutzt, aus ihm besonderen Gewinn zu ziehen. Im § 181 a St.G.B.'s handelt es sich um Ausbeutung des unsittlichen Erwerbes und wir wollten diese Worte so auffassen, als sagte das Gesetz: Ausbeutung des Umstandes, daß die Ausgebeutete Dirne ist; demgemäß fordert der Paragraph, daß der als Zuhälter zu Bestrafende von einer Dirne seinen Lebensunterhalt in der Absicht bezieht, gerade aus dem Umstande, daß sie Dirne ist, besondere Vorteile zu erlangen. Er muß sich gesagt haben, daß er diese Summen von ihr nie erhalten hätte, wenn sie nicht Dirne wäre. Entweder liegt der Fall so, daß er, falls es sich nicht um eine Prostituierte handelte, überhaupt nichts oder aber, daß er nicht soviel von ihr zu erlangen versucht hätte, als er es gethan hat, da er wußte, daß er eine Dirne vor sich habe. Auch das Reichsgericht scheint in früheren, allerdings nicht den Zuhälterparagraphen betreffenden Erkenntnissen das von uns in dem Begriffe „Ausbeutung“ gefundene subjektive Moment in diesem gesucht zu haben. So führt ein Urteil, das § 302 a St.G.B.'s behandelt, aus[1]): „Dieser mißbraucht die ihm bekannte Notlage, welche ihm ... den Gradmesser für seine Ansprüche bietet“. Und eine andere Entscheidung[2]) definiert ausbeuten als „das Bewußtsein des Thäters von „der Notlage, dem Leichtsinn oder der Unerfahrenheit“ des andern und den bewußten Vorsatz, gerade diese Eigenschaften des Darlehnsbedürftigen als kausalförderliche Faktoren für die Gewinnung unmäßiger Vermögensvorteile zu benutzen“. Auch Oppenhoff[3]) meint: „jener Ausdruck (Ausbeutung) schließt schon von selbst die gewinnsüchtige Absicht ein“.[4]) Wenn nun eine Reihe von Schriftstellern im § 181a St.G.B.'s auf diese Absicht des Thäters, gerade den Umstand, daß es sich um eine Dirne handelt, zur Erlangung von Vorteilen zu benutzen, nicht eingeht, so glauben wir den Grund hierfür darin sehen zu müssen, daß diese Schriftsteller das v. Lisztsche Abhängigkeitsverhältnis in den Paragraphen hineininterpretieren.

Von unserem Standpunkte aus brauchen wir nicht ängstlich darum besorgt zu sein[5]), ein Arzt, ein alimentationsberechtigter Verwandter könnte dem Wortlaute des Gesetzes gemäß als Zuhälter bestraft werden. Der erste Entwurf des Paragraphen machte zu Gunsten derer, welche „im gegebenen Falle einen gesetzlichen Anspruch auf Alimentation haben“, eine Ausnahme. An die Stelle dieser speziellen Ausnahme ist jetzt die generelle Regel durch Einfügung des Wortes „Ausbeutung“ in den Paragraphen getreten. Ein Verwandter, der hilfsbedürftig ist und der von der Dirne Unterstützung erhält, ohne daß ihm die Absicht nachgewiesen werden kann, gerade dadurch, daß seine Verwandte Dirne ist, besondere Vorteile zu erlangen, fällt unter den Zuhälterparagraphen nicht. Ihm muß bewiesen werden, daß er nicht von einer Verwandten, die durch ehrliche Arbeit ihr Brot verdient, genau dieselben Vermögensvorteile zu erlangen gesucht hätte. Und ebenso ist es

---

1) E. Bd. 3, S. 219.
2) E. Bd. 18, S. 419.
3) a. a. O. § 302a, No. 5.
4) Ähnlich Frank, „Kommentar“ § 302a, IV.
5) Vgl. z. B. Herr, a. a. O. S. 826f.

bei dem Arzt, dem Anwalt. Mögen sie ihren ganzen oder einen Teil ihres Unterhaltes von der Dirne beziehen; nehmen sie ihr nicht besonders viel deswegen ab, weil sie gewerbsmäßige Prostituierte ist, so können sie nie unter den Zuhälterparagraphen fallen.

Oppenhoff ist offenbar dieser Gedanke auch gekommen. Er fordert[1]), daß ein Alimentationsberechtigter, der Unterhalt von einer Dirne bezieht, nur dann nicht aus § 181 a St.G.B.'s bestraft werden soll, wenn nicht sein Wille zugleich „auf eine unsittliche Ausnutzung gerichtet war". Wir wenden dieses positiv und sagen: er kann nur bestraft werden, wenn sein Wille auf eine unsittliche Ausnutzung, d. h. Ausnutzung des Umstandes, daß eine Dirne Gegenstand derselben war, sich richtete.

Wenn nun also Heilborn[2]) ausführt: „Die Annahme von Schenkungen ist also bei Strafe verboten, denn sie ist unsittlich für den Zuhälter und gefährlich für die Gesellschaft", so ist das unseres Erachtens unrichtig. Die Annahme von Schenkungen, die damit eintretende Vermögensbeschädigung der Dirne ist nur dann verboten, wenn diese Schenkungen nicht verlangt oder nicht angenommen wären, falls sie nicht von einer gewerbsmäßigen Prostituierten kämen. An sich kann die Ausbeutung auch in der Annahme von Schenkungen bestehen, denn sie setzt ein „aggressives" Verhalten nicht voraus.[3])

Wenn Bebel bei der Beratung des ersten Entwurfes der lex Heinze gegen den Zuhälterparagraphen einwandte[4]), durch ihn könne jemand getroffen werden, der vielleicht keine Ahnung davon habe, „daß sein Mädchen eine Prostituierte" sei, so mag das für den ersten Entwurf zutreffen; für die heutige Fassung des Paragraphen — das resultiert aus unseren obigen Ausführungen, — trifft dieses nicht mehr zu.

---

[1]) a. a. O. § 181 a, No. 2.

[2]) a. a. O. S. 280.

[3]) Ebenso Olshausen, a. a. O. § 302 II, E. Bd. 3, S. 218. Geyer, „Grundriß zu Vorlesungen über gemeines deutsches Strafrecht" 1884/85, Bd. 2, S. 71.

[4]) Verhandlungen des Reichst. 1892/93, Bd. I, S. 145.

Ebensowenig — das ergibt sich aus dem Gesagten — werden wir uns den Worten Stengleins:[1]) „Personen, welche sich nicht scheuen, an dem unsittlichen Erwerb teilzunehmen, sind strafbar“ anschließen können. Sie sind nach unserer Meinung nicht strafbar, wenn das subjektive Moment, das in unserem Begriffe liegt, in dem Thatbestande fehlt.

Das Reichsgericht hat in seinen, den Zuhälterparagraphen betreffenden Entscheidungen bisher einen anderen Standpunkt eingenommen. Es führt in der Entscheidung Bd. 34 S. 77 aus: Es sei richtig, „daß als Ausbeutung im Sinne des § 181a nicht jede Annahme von Geldmitteln aus Hurenerwerb zu Unterhaltszwecken gelten“ könne. Es komme das Erfordernis einer gewinnsüchtigen Absicht hinzu. Diese sei aber je nach der in Frage kommenden Gesetzesbestimmnng verschieden auszulegen. „In dem hier fraglichen Zusammenhange des § 181a kann demselben eine über den „Eigennutz“ hinausreichende Bedeutung nicht beigelegt werden. Wird von Verhältnissen abgesehen, in denen die Mannsperson gegen die Prostituierte einen gesetzlichen Anspruch auf Alimentation hat oder zu haben glaubt, so genügt die bewußte Ausnutzung der Prostituierten als einer Erwerbsquelle für den Lebensunterhalt.

Es ist gar nicht einzusehen — und auch das Reichsgericht gibt keine Gründe dafür an —, weswegen es hier den Begriff der Ausbeutung so ganz anders faßt als in anderen Entscheidungen, als z. B. in den oben citierten, § 302a St.G.B.'s behandelnden Erkenntnissen. Daß darüber, ob der Angeklagte besondere Vorteile aus dem Umstande, daß er eine Dirne ausbeutete, gezogen hat, überhaupt Beweis erhoben ist oder Erwägungen angestellt sind, ist in dem Urteile des Reichsgerichts nicht erwähnt.

Und noch ein anderes Urteil[2]) unseres obersten Gerichtshofes weicht in demselben Sinne von unserer Ansicht ab: Der durch Krankheit erwerbsbeschränkte Angeklagte hat von der

---

[1]) „Deutsche Juristenzeitung“ 1899, No. 7.

[2]) „Deutsche Juristenzeitung“ 1901, S. 438.

Prostituierten K., die er heiraten wollte, seit längerer Zeit seinen Unterhalt bezogen. In Übereinstimmung mit der Entscheidung der Strafkammer nimmt das Reichsgericht Anwendbarkeit des § 181a St.G.B.'s an. „Nach Ausspruch der Strafkammer — so führt es aus — liege ein Mißbrauch des Verhältnisses und eigennützige Verwertung der von der K. betriebenen Unzucht vor und handle es sich nicht um ein aus Mitleid gegebenes Almosen; dies genüge zur Annahme der Ausbeutung unsittlichen Erwerbes". Nach unserer Meinung genügen die von der Strafkammer hervorgehobenen Momente — zugegeben, daß diese mit Recht von ihr als vorliegend erachtet sind — noch nicht, um Ausbeutung anzunehmen. Es fehlt eben auch hier das subjektive Moment, das wir in dem Begriffe „Ausbeutung" fanden. Wenn K. von seiner Verlobten, die er, wie in dem Urteile als erwiesen erachtet wird, heiraten wollte, seinen Lebensunterhalt bezog, so ist noch keineswegs gesagt, daß er diesen von ihr nicht genommen und zu erlangen gesucht hätte, wenn sie auf andere Weise sich ihr Geld erworben hätte. Eher scheint die Behauptung des Gegenteils richtig zu sein. Jedenfalls ist dieser Punkt in dem Urteile gar nicht berührt.

Gerade aus diesem letzten Urteile ergibt sich, zu wie unmöglichen Folgerungen das Reichsgericht bei seiner Auffassung des Begriffs der „Ausbeutung des unsittlichen Erwerbes" kommt und kommen muß. Einen Mann, der von einem Mädchen, das er heiraten will, eine kürzere oder längere Zeit seinen Unterhalt empfängt, selbst wenn dieses Mädchen aus gewerbsmäßiger Prostitution ihr Geld erwirbt, Zuhälter zu nennen und als solchen zu bestrafen, entspricht unseres Erachtens durchaus nicht dem allgemeinen Rechtsbewußtsein, jener lebendigen Quelle der Rechtsentwicklung. Eine Ausbeutung des unsittlichen Erwerbes der Dirne kann nur angenommen werden, wenn:

1. eine Vermögensbeschädigung der Dirne vorliegt,
2. diese in der Absicht ausgeführt ist, gerade aus dem Umstande, daß sie Dirne ist, besondere Vorteile zu ziehen.

III. Die Förderung der Unzucht.

Als Zuhälter bezeichnet das Gesetz auch „eine männliche Person . . . welche einer Frauensperson, die gewerbsmäßig Unzucht treibt, gewohnheitsmäßig oder aus Eigennutz in Bezug auf die Ausübung des unzüchtigen Gewerbes Schutz gewährt oder sonst förderlich ist". Der weitere Begriff ist das Förderlichsein. Das Gesetz stellt demgemäß jeden, der einer Prostituierten in Bezug auf die Ausübung der Prostitution förderlich ist, unter Strafe. Jede Art der Förderung ist strafbar. Auch ein Förderlichsein durch Vermittlung oder durch Gewährung von Gelegenheit fällt unter den Zuhälterparagraphen. Es ist nicht einzusehen, wie Heilborn[1]) zu der Meinung kommt, daß „dadurch . . . das neue Vergehen (der Zuhälterei) nicht begangen werden" kann. Daß ein anderer Paragraph des Strafgesetzbuches, nämlich § 180, die Förderung der Unzucht durch Vermittlung oder Gewährung von Gelegenheit unter Strafe stellt, schließt doch nicht aus, daß dieselbe Handlung unter ihn und unter § 181 a fällt, wenn letzterer Paragraph erklärt, schlechtweg jede Förderung bestrafen zu wollen.

Es wäre ein vergebliches Bemühen, wollte man kasuistisch alle Fälle, in denen ein Förderlichsein der Unzucht erblickt werden kann, aufzuzählen versuchen. Von Fall zu Fall wird in der Praxis zu entscheiden sein, ob ein solches vorliegt. Wie dehnbar der Begriff ist, hat auch der Gesetzgeber eingesehen, der aber die Dehnbarkeit für unvermeidlich hält und der Ansicht ist, sie müsse „in dem Vertrauen auf das billige Ermessen des Richters im einzelnen Falle für unschädlich erachtet werden."[2])

Als besonderen Fall des Förderlichseins — dieses ist durch das Wort „sonst" ausgedrückt — hat der Zuhälterparagraph das „Schutzgewähren" bezeichnet. Das Förderlichsein wie das

---

[1]) a. a. O. S. 280.

[2]) Berichte über die Verhandlungen des Reichst. 1890/92, Anl. Bd. VI, S. 3886.

Schutzgewähren muß „in Bezug auf die Ausübung des unzüchtigen Gewerbes“ geschehen. Daraus folgt, daß von einem nach § 181 a St.G.B.'s strafbaren Schutzgewähren nicht die Rede sein kann, wenn der Schutz nicht der Dirne als solcher, sondern ihr vielmehr ganz ohne jede Beziehung auf ihr unsittliches Treiben gewährt ist. Wenn also auch eine Person einer Dirne Schutz gewährt hat, so kann sie doch nicht bestraft werden, wenn sie diesen Schutz ihr als Person, nicht ihr als Dirne gewährt hat.[1])

Die Förderung der Unzucht muß gewohnheitsmäßig oder aus Eigennutz begangen sein. Bezüglich dieser Begriffe wollen wir auf die umfangreiche, dieselben behandelnde Literatur verweisen.

Wie verhält sich nun diese Art des Zuhälterdelikts zur Kuppelei? Nach § 180 St.G.B.'s wird als Kuppler bestraft, wer gewohnheitsmäßig oder aus Eigennutz durch seine Vermittelung oder durch Gewährung von Gelegenheit der Unzucht Vorschub leistet. Der Begriff des Zuhälters, wie er sich aus dem zweiten Teile der gesetzlichen Definition ergibt, ist teils weiter, teils enger als der des Kupplers. Er ist enger:

1. Nur eine männliche Person kann Zuhälter sein, während auch eine weibliche wegen Kuppelei bestraft werden kann.
2. Nur wo eine gewerbsmäßige Prostituierte in Frage kommt, kann der Zuhälterparagraph Anwendung finden, während § 180 St.G.B.'s die Förderung jeder Unzucht bestraft.

Er ist weiter:

Der § 181 a St.G.B.'s bestraft denjenigen, der in Bezug auf die Ausübung des unzüchtigen Gewerbes Schutz gewährt oder sonst förderlich ist, § 180 St.G.B.'s nur den, der durch seine Vermittlung oder durch Gewährung von Gelegenheit der Unzucht Vorschub leistet.

Wie wir demnach sehen, ist weder Kuppelei ein besonderer Fall der Zuhälterei noch umgekehrt, denn sonst müßte einer der Paragraphen als der engere dem anderen als dem weiteren gegenüberstehen. Demgemäß stehen Zuhälter- und Kuppelei-

[1]) Ebenso Heilborn, a. a. O. S. 280.

paragraph nicht im Verhältnis der sog. Gesetzeskonkurrenz.[1]) Olshausen[2]) hält § 181a St.G.B.'s für den engeren gegenüber § 180 St.G.B.'s und kommt daher zu der Annahme der Gesetzeskonkurrenz. Kurz zuvor scheint allerdings auch er auszuführen, daß bezüglich der Förderung der Unzucht der Zuhälterparagraph der weitere ist. Hieraus zieht er indessen keine Folgerung. Würde er dieses thun, so könnte er unseres Erachtens nicht Gesetzeskonkurrenz annehmen.

Es sind also Fälle denkbar, in denen nur § 180 oder nur § 181a St.G.B.'s Anwendung findet. Andrerseits kann ein Thatbestand auch sehr wohl beiden Paragraphen genügen. Denken wir nur an den Fall, daß eine männliche Person einer Prostituierten gewohnheitsmäßig in Bezug auf ihr unzüchtiges Gewerbe durch seine Vermittlung Vorschub leistet. In diesem Falle ist sowohl § 181a als auch § 180 St.G.B.'s anwendbar. Es liegt sog. Idealkonkurrenz[3]) vor.[4]) Heilborn muß von seinem Standpunkte aus, daß Zuhälterei durch Vermittlung oder Gewährung von Gelegenheit nicht begangen werden kann, zu einem anderen Ergebnis kommen als wir.[5]) Wir führten schon vorher aus, daß wir seine Voraussetzungen für unzutreffend halten; also ist es auch seine Folgerung.

Das Reichsgericht teilt unsere Ansicht nicht. „Ergiebt sich, daß sowohl der Thatbestand des § 180 als die Besonderheiten der im § 181a enthaltenen Spezialvorschrift vorliegen, so wird nicht Idealkonkurrenz anzunehmen, sondern nach den

---

[1]) Wir halten prinzipiell den Ausdruck „Gesetzeskonkurrenz“ für einen verfehlten. Wir halten die sog. Gesetzeskonkurrenz überhaupt für keine Konkurrenz von Gesetzen, denn eine solche kann nur vorliegen, wo es in der That zweifelhaft ist, welches Gesetz Anwendung findet. Im Falle der sog. Gesetzeskonkurrenz kann ein solcher Zweifel garnicht bestehen. Wir gebrauchen aber der alten Gewohnheit wegen den eingebürgerten Begriff.

[2]) a. a. O. § 181a, No. 3.

[3]) Auch den Ausdruck Idealkonkurrenz halten wir für verfehlt, weil man von idealer Verbrechenskonkurrenz spricht. In Wahrheit handelt es sich aber nur um Konkurrenz der Strafgesetze. Hier wäre also eher der Ausdruck Gesetzeskonkurrenz am Platze (vgl. hierzu v. Liszt, „Lehrbuch“ S. 224).

[4]) Schlecht, a. a. O. S. 14; v. Liszt, „Lehrbuch“ S. 365.

[5]) a. a. O. S. 280.

Grundsätzen der Gesetzeskonkurrenz lediglich § 181a St.G.B.'s anzuwenden sein" führt eine Entscheidung aus.[1]) Wir sehen, daß der höchste Gerichtshof den Zuhälter- gegenüber dem Kuppeleiparagraphen als lex specialis auffaßt. Dieses ist, wie wir auseinandersetzten, unzutreffend. Wenn nach der einen Richtung hin § 181a gegenüber § 180 der engere ist, so ist er andererseits der weitere. Das übersieht das Reichsgericht. Und indem es das übersieht, muß es konsequent zu seiner Auffassung kommen.

Erwägen wir in diesem Zusammenhange noch kurz, was das Gesetz über den Fall bestimmt, daß jemand sich beider Formen der Zuhälterei schuldig macht, daß jemand also eine Prostituierte ausbeutet und von ihr den Lebensunterhalt bezieht und daß er ihr außerdem bei dem Betriebe der Unzucht gewohnheitsmäßig förderlich ist. Es dürfte wohl nicht selten vorkommen, daß bei dem als Zuhälter zu Bestrafenden beides vorliegt. Wir faßten den § 181a St.G.B.'s so auf, daß er eine Definition des Zuhälterbegriffes gebe. Demgemäß sagt der Paragraph: Der Zuhälter wird mit der bestimmten Strafe belegt. Ob nun jemand nur den ersten oder nur den zweiten Teil der Zuhälterdefinition erfüllt, oder ob beide Teile bei ihm zutreffen, — in jedem Falle ist er eben ein Zuhälter und kann nur einmal mit der sich aus dem Paragraphen ergebenden Strafe belegt werden.[2])

C. Schlusswort.

Durch Einfügung des § 181a in unser Strafgesetzbuch ist einem kriminalpolitischen Bedürfnisse genügt. In dem Paragraphen haben wir eine Waffe gegen eine Menschenklasse, die

[1]) E. Bd. 34, S. 79.

[2]) Ebenso im Ergebnis Oppenhoff, a. a. O. § 181a, No. 1.

den besten Nährboden des Verbrechertums bildet. Im Tone des Bedauerns führt v. Liszt aus[1]): „§ 181a — gewährt dieser (der Lohndirne) einen Strafschutz, den er dem anständigen Mädchen (etwa der Arbeiterin gegenüber dem Arbeitgeber dem Dienstmädchen gegenüber der Dienstherrschaft versagt.“ v. Liszt hat durchaus zutreffend auf den Umstand aufmerksam gemacht, daß der Lohndirne ein ganz besonderer, ein erhöhter Strafschutz hier gewährt wird. Daß sie diesen nicht um ihrer selbst willen erhält, dürfte klar sein. Sie erhält ihn als notwendige, an sich unbeabsichtigte Beigabe einer gesetzlichen Bestimmung. Treffen wollte man mit dem Paragraphen eine allgemeingefährliche Menschensorte. Das geht aus der Begründung der Regierungsvorlage sowie aus den Verhandlungen des Reichstages hervor.[2]) Dabei gewährte man der Dirne einen ihr sonst nach unseren Strafgesetzen nicht zustehenden Schutz. Wenn nun durch ein den Schutz der Allgemeinheit vor einer zu allem fähigen Menschenklasse bezweckendes Gesetz nebenbei einer Person ein besonderer strafrechtlicher Schutz gewährt ist, dessen sie nicht würdig ist, so dürfte das doch als ein schwerwiegender Fehler des Gesetzes kaum zu betrachten sein.

[1]) Z. Bd. 21, S. 132.

[2]) Sten. Ber. üb. d. Verhdlg. d. Reichst. VI. Anl. 1890/92, S. 3883ff.; ibid. 1892/93, Bd. I, S. 134ff.

Druck von Georg Reimer in Berlin.

FSC
www.fsc.org
MIX
Papier | Fördert gute Waldnutzung
FSC® C083411

Kolibri 360 GmbH
Ferdinand-Jühlke-Straße 7
99095 Erfurt, Deutschland
produktsicherheit@kolibri360.de